AF549056

Thomas Heiler

Die Siebziger Jahre in Fulda

Zeiten des Umbruchs

Thomas Heiler

Die Siebziger Jahre in Fulda

Zeiten des Umbruchs

Fotos: Hubert Weber und Helmut J. Hartmann

parzellers BUCHVERLAG

Impressum

ISBN 978-3-7900-0502-8

Layout: Peter Link, Parzellers Buchverlag
Fotos: Farbbilder von Helmut J. Hartmann;
alle anderen Aufnahmen von Hubert Weber
Gesamtherstellung: Rindt-Druck, Fulda

Inhaltsverzeichnis

Die Siebziger Jahre in Fulda

Kein Jahrzehnt in der Geschichte der Bundesrepublik wurde mit so euphorischen Erwartungen begonnen wie die Siebziger Jahre. Die Wirtschaft boomte Ende des Jahres 1969 seit zwei Jahrzehnten unaufhörlich und die Arbeitslosigkeit war gering. Der von Ludwig Erhard propagierte „Wohlstand für Alle“ war tatsächlich für viele auf einem im Vergleich zu heute bescheidenen Niveau Wirklichkeit geworden. Eine Urlaubsreise für zwei Wochen, am liebsten in den Süden, daneben ein Fernseher, wenn möglich schon ein neues Gerät zum Empfang „in Farbe“, gehörten zum Standard.

Der Fortschrittsoptimismus war ungebrochen und von einer Energiekrise sprach niemand. Erdöl war offenbar im Überfluss vorhanden und mit dem Atomstrom, dessen Risiken öffentlich nicht diskutiert wurden, schien man ohnehin eine unerschöpfliche Ressource gefunden zu haben. Alles war technisch beherrschbar, wie nicht zuletzt die Mondlandung im Juli 1969 gezeigt hatte. Es gab offensichtlich nur eine Richtung in der westlichen Welt, nämlich die nach oben, immer auf dem Weg zu neuen Rekordzahlen in allen Bereichen.

Auch auf gesellschaftlichem Gebiet hatte man einen enormen Wandel in den Sechziger Jahren erlebt. Die „Befreiung“ von Zwängen und Konventionen, gegen die insbesondere ein Großteil der politisch interessierten Jugend in der späten Adenauerzeit und während der „Großen Koalition“ unter Bundeskanzler Kurt-Georg Kiesinger aufbegehrt hatte, öffnete den Weg zu einem radikalen Wandel in der Gesellschaft. Die alte Rollenverteilung zwischen Mann und Frau wurde in Frage gestellt. Das „Heimchen am Herd“ wurde immer seltener und bald ließ sich keine Frau mehr von der Werbung ein schlechtes Gewissen einreden, wenn sie nicht den richtigen Weichspüler verwendete. Die Studentenbewegung tat ein Übriges, um die alten Zöpfe nicht nur an der Universität, sondern in allen Lebensbereichen abzuschneiden.

Die Politik war unter der sozialliberalen Regierung Willy Brandts 1969 angetreten „mehr Demokratie zu wagen“ und so schien es nur eine Frage der Zeit zu sein, bis sich die Bundesrepublik zu einem wirtschaftlichen und politischen Musterland für ganz Europa entwickelte. Auch die internationale Politik gab zu Beginn der Siebziger Jahre Anlass zur Hoffnung. Zwar standen sich nach wie vor Ost und West unversöhnlich gegenüber und die Sowjetunion hatte den „Prager Frühling“ des Jahres 1968 mit brutaler Militärgewalt jäh beendet, doch es gab Hoffnung auf einen Wandel. Nach der Entmachtung des alten Stalinisten Walter Ulbricht im Jahre 1971 setzte man im Westen große Hoffnungen auf seinen Nachfolger Erich Honecker, denen er anfangs auch zu entsprechen schien. Mit der neuen Ostpolitik Brandts verband sich die Hoffnung auf einen „Wandel durch Annäherung“, wie es Egon Bahr bereits im Juli 1963 formuliert hatte. Der Wandel, der im 1972 ausgehandelten Grundlagenvertrag mit der DDR seinen Niederschlag fand, war innenpolitisch allerdings höchst umstritten. In Erinnerung bleiben heftige Bundestagsdebatten um die deutsche „Ostpolitik“ und eine ebenso erbitterte Diskussion in der breiten Öffentlichkeit.

Auf die hohen Erwartungen an die Siebziger Jahre folgte die Ernüchterung. Die sogenannte Ölkrise des Jahres 1973 führte der Welt vor Augen, wie sehr ihre Industrie von diesem Rohstoff abhängig und ihre Politik damit erpressbar war. Die im Gefolge des Jom-Kippur-Krieges politisch motivierte Drosselung der Erdölförderung durch die arabische Welt führte nicht nur zu einem schlagartigen Anstieg des Ölpreises, sondern auch zu einem Denkprozess über die Begrenztheit der fossilen Energieträger. Bereits ein Jahr zuvor hatte der „Club of Rome“ mit seiner revolutionären Studie über die „Grenzen des Wachstums“ die Welt darauf aufmerksam gemacht, dass sie schon bald an das Ende ihrer Entwicklung kommen würde, wenn der ungebremsten Bevölkerungsentwicklung, Ressourcenverschwendung und Umweltverschmutzung nicht energisch entgegengesteuert werde. Diese Warnungen wurden 1972 noch nicht von vielen beachtet. Weitaus einschneidender und im Gedächtnis der Zeitzeugen bis heute gegenwärtig ist die Erinnerung an die autofreien Sonntage im November 1973. Spätestens seit dieser Zeit hatte der ungebremste Optimismus einen gewaltigen Dämpfer erhalten.

Die Skepsis traf nun auch die Atomkraftwerke, an denen sich bis dahin kaum jemand gestört hatte und wenn, dann war es kein Thema in den Medien. Erst der Widerstand gegen das geplante Kernkraftwerk im südbadischen Wyhl führte seit 1974 zu einem Erstarken der nunmehr überregional vernetzten Anti-Atomkraft-Bewegung, deren Eintreten für eine andere Energiepolitik zu den zentralen Themen der deutschen Innenpolitik für mehr als drei Jahrzehnte gehörte.

Im Gefolge der Ölkrise brach die wirtschaftliche Entwicklung in der Bundesrepublik ein. Die Arbeitslosenquote, die Anfang der Siebziger Jahre noch bei einem Prozent gelegen hatte, so dass man damals von Vollbeschäftigung sprechen konnte, erhöhte sich zwischen 1973 und 1975 von 1,2 auf 4,7%. 1975 wurde zum ersten Mal die Millionengrenze bei der Zahl der Arbeitslosen überschritten. Gleichzeitig stieg die Inflation von 2% (1969) auf knapp 8% (1973). Die Folge waren Lohnkämpfe, wie sie die Republik noch nicht gesehen hatte. Im Februar 1974 gab es den ersten bundesweiten Streik im Öffentlichen Dienst. Die Gewerkschaften Öffentliche Dienste, Transport und Verkehr (ÖTV) sowie die Deutsche Postgewerkschaft starteten mit der Forderung nach 15% Lohnerhöhung in die Tarifrunde und erhielten am Ende elf

Prozent. An stehende Busse und Bahnen sowie den nicht abgeholten Müll mussten sich die Bundesbürger erst gewöhnen.

Ein wichtiges Thema der Innenpolitik war zudem die innere Sicherheit. Die terroristischen Anschläge der „Rote Armee Fraktion" (RAF) führten die Bundesrepublik in einen Ausnahmezustand, den der demokratische Rechtsstaat am Ende doch bestand. Zu beklagen waren aber durch Mordanschläge zwischen 1971 und 1993 34 Todesopfer, meist Polizisten und Soldaten, darunter aber auch Arbeitgeberpräsident Hanns Martin Schleyer, Generalbundesanwalt Siegfried Buback sowie die Bankvorstände Jürgen Ponto und Alfred Herrhausen.

In Fulda standen die Siebziger Jahre wie schon das Jahrzehnt davor unter dem Eindruck der Nähe zur innerdeutschen Grenze. Unter dem tatkräftigen Oberbürgermeister Dr. Alfred Dregger, der seit 1956 amtierte, hatte die Stadt ihr Gesicht gewandelt und den architektonischen Anschluss an die Moderne gesucht. Entstanden waren der Busbahnhof am Heertor, der Universitätsplatz sowie die Neubebauung des Gemüsemarkts. Neue Wohngebiete in Ziehers Süd und Nord sowie am Aschenberg schufen Raum für immer mehr Einwohner, unter denen sich viele Flüchtlinge und Heimatvertriebene befanden. In der Schublade der Stadtplaner lag ein 1960 entwickelter und in der Folge ständig modifizierter Generalverkehrsplan, ein Kind seiner Zeit, das bei seiner Umsetzung die Innenstadt tiefgreifend im Sinne einer autogerechten Stadt verändert hätte. Dazu kam es aber nicht mehr. Mit den Siebziger Jahren setzte sich hier der neu aufgekommene Umweltgedanke durch.

Äußerlich wurde die Zäsur in der Stadtpolitik durch einen Amtswechsel dokumentiert. Dr. Dregger, der sich auf die Landes- und Bundespolitik konzentrierte, übergab das Amt an Dr. Wolfgang Hamberger, der im Dezember 1970 von der Stadtverordnetenversammlung zum neuen Oberbürgermeister gewählt wurde. Dr. Hamberger wurde zu Beginn seiner Amtszeit mit einer von der hessischen Landesregierung konzipierten Gebietsreform konfrontiert, welche an den Grundfesten von Fuldas Stadtentwicklung rüttelte. Wiesbaden sah vor, dass von den ursprünglich fast 2.500 selbstständigen Gemeinden und 39 Landkreisen in Hessen höchstens 500 Gemeinden und 20 Landkreise übrig bleiben sollten. Dies hatte zunächst durch „freiwillige" Zusammenschlüsse zu geschehen. Erst wenn diese nicht das gewünschte Ergebnis zeigten, sollten ab dem 1. Juli 1974 Zwangsvereinigungen erfolgen. Hierauf beschloss der Magistrat der Stadt Fulda mit den Stadtrandgemeinden und dem Landkreis Verhandlungen aufzunehmen. Ein von der Stadtverordnetenversammlung im März 1971 verabschiedeter Modellplan befürwortete die Eingliederung von 39 Gemeinden, während das Innenministerium der Stadt nur 15 Orte zubilligte. Durch Verhandlungen mit den Umlandgemeinden gelang es der Stadt Fulda schließlich bis zum Ende des Jahres 1971 21 Grenzänderungsverträge abzuschließen. Schließlich kamen noch Besges, Rodges und Malkes hinzu. Die mit Fulda baulich nahezu vereinigten Umlandgemeinden Petersberg, Künzell und Eichenzell blieben hingegen selbstständig. Mindestens genauso schwer wog der Umstand, dass Fulda zum 1. Juli 1974 seine seit 1927 bestehende Kreisfreiheit verlor und zusammen mit sechs anderen hessischen Städten den Rang einer Sonderstatusstadt erhielt, ein Zwitter zwischen kreisfreier und kreisangehöriger Gemeinde. Dieser Stachel sitzt bis heute noch sehr tief.

Immerhin, trotz des Verlustes der Kreisfreiheit setzten die politisch Verantwortlichen alles daran, Fulda zum vitalen Oberzentrum der Region zu machen. Dies beweisen der Bau des Städtischen Klinikums, zu dem 1971 der Grundstein gelegt wurde und auch der zähe Wille, insbesondere des Oberbürgermeisters, einen ICE-Halt an der geplanten Schnellbahnstrecke Hannover-Würzburg zu erhalten.

Der Ausbau Fuldas als Zentrum der Region erstreckte sich auch auf den Bereich der Kultur. Mit dem Umbau des Schlosstheaters (1976–1978), der Wiedererrichtung der städtischen Volkshochschule (1977), der Neuausrichtung der Musikschule (1977) sowie der Einrichtung eines Stadtarchivs im Palais Buttlar (1979) wurden Institutionen geschaffen bzw. gestärkt, die bis heute wirken. Auf wirtschaftlichem Gebiet symbolisierte die erstmals 1972 durchgeführte Osthessenschau den Anspruch Fuldas auf eine Führungsrolle im osthessischen Raum.

Historiker haben die Siebziger Jahre als eine Zeit des Umbruchs beschrieben. Dies trifft nicht nur für die Bundesrepublik Deutschland insgesamt, sondern auch für Fulda im Kleinen zu. Für die Herausforderungen eines Zeitalters, in dem die Wirtschaft zunehmend internationalisiert und damit weltweiter Konkurrenz ausgesetzt war, mussten auch vor Ort Antworten gefunden werden. Dieser Umbruchsprozess, dokumentiert durch Firmenschließungen und betrieblich bedingte Kündigungen, war insbesondere in den Siebzigern schmerzlich auch in Fulda spürbar. Die Verabschiedung von der selbstverständlich angesehenen Vollbeschäftigung zu Phasen hoher Arbeitslosigkeit und damit oft einhergehender Inflation traf viele Bürgerinnen und Bürger Fuldas hart.

Andererseits schuf die Neuausrichtung der Politik auf Bundes- wie Kommunalebene hin zu mehr Bürgerbeteiligung, zum Dienstleistungsgedanken in der Verwaltung und zu einem neuen Umweltverständnis ein besseres gesellschaftliches Klima, das sich nun endgültig vom alten Obrigkeitsstaat abgelöst hatte.

Politik

Während sich in Fulda Oberbürgermeister Dr. Wolfgang Hamberger auf eine stabile CDU-Mehrheit in der Stadtverordnetenversammlung stützen konnte, bestimmten auf Bundes- und Landesebene sozialdemokratisch angeführte Regierungen das Geschehen. Sozialliberale Koalitionen in Bonn (1969–1982) unter den Kanzlern Willy Brandt und Helmut Schmidt sowie in Wiesbaden (1970–1984) unter den Ministerpräsidenten Albert Osswald und Holger Börner setzten den Rahmen, in dem sich die fuldische Kommunalpolitik vollzog. In Fulda standen an der Seite des Oberbürgermeisters im hauptamtlichen Magistrat Dr. Tilman Pünder (1971–1980) und die Stadtbauräte Hans Nüchter (bis 1977) und Peter Niehaus (1977–1981). Insgesamt waren die politischen Diskussionen der damaligen Zeit im Bund wie in der Kommune weitaus leidenschaftlicher als heute und viel mehr von unverrückbaren Grundsatzpositionen bestimmt. Der polarisierende Slogan „Freiheit statt Sozialismus“, mit dem die Union 1976 in den Bundestagswahlkampf zog, zeigt dies sehr deutlich. Die Wahlkampfauftritte der „Großen“ aus der Bundespolitik lockten regelmäßig eine gewaltige Menschenmenge auf den Universitätsplatz.

Stadtbaurat Hans Nüchter gratuliert dem neuen Oberbürgermeister Dr. Wolfgang Hamberger nach dessen Wahl am 15. Dezember 1970.

Wiederwahl von Dr. Hamberger zum Oberbürgermeister durch die Stadtverordnetenversammlung im Jahre 1976. Bürgermeister Dr. Tilman Pünder überreicht die Ernennungsurkunde.

Stadtbaurat Hans Nüchter (links) stand 30 Jahre von 1947 bis 1977 an der Spitze des Baudezernats. Sein Nachfolger wurde Peter Niehaus, der bis 1981 das Amt innehatte.

Verabschiedung des Stadtbaurats Hans Nüchter im März 1977. Ganz rechts sein Nachfolger Peter Niehaus.

Die CDU Stadtverordneten bei einer Gruppenaufnahme in der Katharinenkapelle des Stadtschlosses im Mai 1971.

Magistratssitzung im Jahre 1978. Vordere Reihe von links: Bürgermeister Dr. Tilman Pünder, Ria Warmuth, OB Dr. Wolfgang Hamberger, Paul Gwosdz. Hintere Reihe von links: Grundstücksamtsleiter Richard Böhning, Magistratsdirektor Josef Bellinger, Max Zwenger, Alois Demel, Rechtsamtsleiter Dr. Norbert Rücker, Emil Hahner, Hauptamtsleiter Waldemar Pape, Ernst Feuerstein, Alfred Bleuel, Stadtbaurat Peter Niehaus.

Unterzeichnung der Grenzänderungsverträge mit Lehnerz und Maberzell im Dezember 1971.

Gegen die geplante Rückkreisung der Stadt Fulda bildete sich das Aktionsbündnis „Fulda muß kreisfrei bleiben“, das wie hier auf dem Universitätsplatz im Juni 1972 mit Unterschriftenaktionen an die Öffentlichkeit ging.

Wahl von Werner Schmid zum Stadtverordnetenvorsteher im April 1977. Er trat an die Stelle von Max Will, der das Amt seit 1964 innehatte.

Das Schlagerpaar Cindy & Bert trat im Landtagswahlkampf 1970 für die CDU im Stadtsaal auf. Bei der Veranstaltung, die von Dieter Thomas Heck moderiert wurde, sangen u.a. auch noch Bata Illic und Erik Silvester.

Bundeskanzler Willy Brandt bei einem Wahlkampfauftritt auf der Ochsenwiese im November 1972. Am Mikrofon Hessens Ministerpräsident Albert Osswald. Rechts neben Brandt der SPD-Bundestagsabgeordnete Günther Wuttke.

Willy Brandt als SPD-Vorsitzender auf dem Universitätsplatz 1974 im Vorfeld der Landtagswahlen, die am 27. Oktober 1974 stattfanden.

Landesparteitag der hessischen SPD in der Fuldaer Orangerie im Oktober 1977.

Maikundgebung des DGB mit dem hessischen Ministerpräsidenten Holger Börner. Rechts neben Börner sind Dr. Alfred Dregger, OB Dr. Wolfgang Hamberger und Landrat Fritz Kramer zu sehen. Links neben Börner steht der SPD Unterbezirksvorsitzende Rudi Hilfenhaus.

Nicht ohne die obligatorische Zigarette: Bundeskanzler Helmut Schmidt nach seiner Wahlkampfrede im September 1976 auf der Ochsenwiese. Er hält einen „Bornlepp“ hoch, den ihm Rudi Hilfenhaus (links) geschenkt hatte.

Innenminister Hans-Dietrich Genscher besuchte im November 1972 die „Fuldaer Zeitung“.

Ein umjubelter Star auf dem Universitätsplatz: Außenminister und Vizekanzler Genscher bei einem Wahlkampfauftritt Ende September 1976.

Franz Josef Strauß bei einem Besuch der „Fuldaer Zeitung" im September 1974. Links neben ihm der FZ-Verleger Michael Schmitt.

CSU-Vorsitzender Dr. Franz Josef Strauß 1970 auf dem Universitätsplatz.

Blick in die neue Geschäftsstelle der Jungen Union (JU), der Schülerunion und des Rings Christlich Demokratischer Studenten in der Schlossstraße anlässlich der Ehrung des 1.000. Mitglieds der JU. Anwesend war auch der Bezirksvorsitzende der JU Dr. Norbert Herr (stehend rechts).

30 Jahre Junge Union Fulda konnten im März 1976 gefeiert werden.

Eine Europa-Ausstellung im Apollosaal der Orangerie wies im Juli 1976 auf die Vorteile des gemeinsamen Marktes hin.

Die Europa-Union warb 1979 auf dem Universitätsplatz für die Teilnahme an den ersten Wahlen zum europäischen Parlament, die am 10. Juni stattfanden.

Stand des Deutschen Gewerkschaftsbundes zum Internationalen Jahr der Frau, 1975.

„Freiheit oder Sozialismus“. Zu diesem Wahlkampfmotto der Union bei der Bundestagswahl 1976 sprach der Vorsitzende der CDU/CSU Bundestagfraktion Carl Carstens (Mitte) im Juni 1976 in der Orangerie.

Kanzlerkandidat Dr. Helmut Kohl nach seiner Rede auf dem Universitätsplatz im August 1976. Links neben ihm Kohls Ehefrau Hannelore und Landrat Fritz Kramer.

Gewerbe und Handel

Fuldas Geschäftsleben im Bereich des Handwerks war zu Beginn der Siebziger Jahre noch äußerst vielfältig. Nicht weniger als 36 Bäckereien unterschiedlicher Besitzer verzeichnet das Adressbuch des Jahres 1970. Im selben Jahr gab es 26 verschiedene Metzgereien, 51 Friseure, 17 Fuhrunternehmen, 59 Handelsvertreter, 22 Herren- und Damenschneidereien, 19 Kioske und 42 Lebensmittelgeschäfte. Das Sterben der „Tante-Emma-Läden“ steht symbolisch für den Konzentrationsprozess im Handel und Gewerbe, der auch vor Fulda nicht halt machte. Der Trend zu den Kaufhäusern und den Einkaufszentren am Stadtrand ließ sich nicht mehr aufhalten.

Neueröffnung des Damenfriseursalons Sichma, vormals Böhm, in der Mittelstraße, März 1976.

Friseurmodenschau der Firma Wella im Petersberger Propsteihaus im Jahre 1976.

Neu eingerichteter Friseursalon Karl Bettendorf in der Schlossstraße, 1975.

Ende Februar 1970 wurde die Boutique „La Femme“ in der Mittelstraße eröffnet.

Ziehers-Nord erhielt im März 1970 einen neu gestalteten Edeka-Markt der „Superlative". Zu den Eröffnungsangeboten gehörten Rinderrouladen, das halbe Kilo für 3,98 DM und eine Literflasche Weinbrand („Dujardin") für 6,95 DM.

Wahl der „Hausfrau des Tages" bei einer Werbeveranstaltung des Kaufhauses Kerber in der Orangerie, April 1972. Höhepunkt der Veranstaltung war der Auftritt von Billy Mo („Tirolerhut").

„Malika, Orangenkönigin aus Marokko" zu Gast bei Karstadt im Juli 1970.

Drei kleine Schimpansen lockten im Oktober 1973 zahlreiche Kinder in die Spielwarenabteilung von Kerber. Das im Hintergrund beworbene Spielzeug „Plasticant" („Pädagogisch anerkannt"), ein Baukastensystem aus Kunststoffteilen, wurde bis 1974 produziert.

Prämierung der Fischertechnik-Konstrukteure im Kaufhaus Kerber, Mai 1975.

Der Traum vieler Kinder zu Beginn der Siebziger Jahre: eine Carrera-Rennbahn, hier ausgestellt im Kaufhaus Kerber im September 1972.

Vorstellung eines „Computer-Portrait-Systems“ im Kaufhaus Karstadt, März 1979.

Vorstellung der Messeneuheiten des Jahres 1979 bei der Firma Weinrich: ein Commodore Computer CBM 3016/32 erfreut alle Beteiligten.

Wie wohl kein anderes Auto steht der Opel Manta, der im September 1970 im Autohaus Fahr in der Lindenstraße erstmals in Fulda präsentiert wurde, für die Siebziger Jahre.

Bürgermeister Dr. Hamberger überbrachte dem Gartenbaubetrieb Neuhann an der Künzeller Straße die Glückwünsche der Stadt zum 50jährigen Bestehen am 1. Oktober 1970.

Nach einer längeren Umbauphase öffnete das Kaufhaus Kerber Ende September 1970 wieder seine Pforten. Viel Geld wurde in eine Klimaanlage investiert. Das Warenhaus hatte zu dieser Zeit 700 fest angestellte Beschäftigte.

Jubilarehrung bei der Firma Mehler, 1970.

Regelmäßig an Ostersamstagen herrschte in der Stadt ein Verkehrschaos, wie hier 1971 in der Friedrichstraße.

Regelung des Verkehrs durch die Polizei an der Einmündung des Gemüsemarkts in die Mittelstraße am Ostersamstag des Jahres 1979.

Winterschlussverkauf im Januar 1975.

Brillenmodenschau bei Optik Wittich am Peterstor, 1975.

Modeschau von Burda im Kaufhaus Karstadt, 1975.

Holzschnitzer aus Kenia zeigten im März 1976 ihre Kunstfertigkeit im HaWeGe Center.

Im Modehaus Büttner wurde 1976 für die Teilnehmerinnen der Nähkurse die Frühjahrs- und Sommerkollektion vorgestellt.

Eröffnung der Frankreichwoche im Kaufhaus Kerber 1975 mit einem kalten Buffet.

Unter der gütigen Aufsicht des „Sarotti Mohrs“ stapelten im Mai 1975 die Politikerehefrauen Dagmar Dregger, Liselotte Hamberger und Marianne Kramer Schokoladentafeln vor dem Kaufhaus Kerber zugunsten von Kinderheimen.

Hauptgewinn eines Preisausschreibens des Kaufhauses Quelle im Mai 1976 war ein tragbares Fernsehgerät, das vor den Geschäftsräumen in der Lindenstraße übergeben wurde.

Feier zum 25jährigen Bestehen des A & O Geschäftes Wagner in Horas, 1976.

Mit allen Mitteln wurde Schweizer Käse 1976 den Fuldaer schmackhaft gemacht: Alphörner wurden ebenso eingesetzt wie der Schweizer Fernsehexportschlager Vico Torriani („Der goldene Schuss").

Die dritte Osthessenschau lockte im Jahre 1976 mehr als 120.000 Besucher auf die Ochsenwiese.

Eröffnung von C & A im März 1977.

Flohmarkt am Steinweg, 1976.

Wiedereröffnung des Kaufhauses Famila am Rosengarten nach dem Umbau im Oktober 1978.

Blick in das Schallplattengeschäft Disko in der Karlstraße, 1979.

Die „Fuldaer Zeitung" wurde im Mai 1976 bestreikt. Nur wenige Mitarbeiter hielten die Produktion von Notausgaben aufrecht.

Gesellschaft

Vom allgemeinen Umbruch im Land war vor allem das gesellschaftliche Leben betroffen. Die Welt der Adenauer-Ära hatte man zu Beginn der Siebziger Jahre weit hinter sich gelassen: Umweltschutz, Emanzipation, Modernisierung der Arbeitswelt, der Aufbruch nach Europa und die Integration der Gastarbeiter waren die Themen, die auch Fulda bewegten. Dass die Vergangenheit nicht einfach zu verdrängen war, zeigte die amerikanische Fernsehserie „Holocaust“, die erst spät zu einer offenen Diskussion über die NS-Vergangenheit führte. Ende des Jahrzehnts kam für Fulda mit der Aufnahme von 64 Vietnam-Flüchtlingen die Erkenntnis, dass die Weltpolitik näher war als man dachte.

„Das scharfe Eck", 1976 wie heute eine ganz besondere Kneipe.

Der Walt-Disney-Film „Ein toller Käfer" lockte seit Herbst 1969 ein Millionenpublikum in die deutschen Kinos. Die Aufführung in Fulda im März 1970 nutzte die Firma Kahrmann zu einer Werbeaktion vor dem Schlosstheater.

Autofreie Sonntage sorgten im November 1973 für ungewöhnliche Bilder. Die Autobahnen, wie hier bei Künzell, waren leer. Dagegen wurde das Pferd wieder als Transportmittel entdeckt, wie hier beim Ritt zum Briefkasten.

Luftverschmutzung war schon im Jahre 1971 ein Thema. Insbesondere im Bereich der Bahnunterführung an der Kurfürstenstraße wurden besonders bedenkliche Abgaswerte gemessen. Ein „Kohlenmonoxid-Fahnder“ nahm deshalb in „Dackelhöhe“ Luftproben, hier in der Heinrichstraße.

Eifrig geworben wurde Anfang der Siebziger Jahre für einen Wohnortwechsel nach West-Berlin.

1979 kletterten die Preise von Superbenzin erstmals über die Grenze von 1 DM. Die Aufnahme stammt vom Juni dieses Jahres.

Im Oktober 1971 wurde im Helene-Weber-Haus erstmals ein Kochkurs für Männer angeboten. Auf dem Programm stand die Zubereitung von Klassikern wie Sahneschnitzel, Zigeunerschnitzel und Jägerschnitzel.

Die Fernsehverfilmungen der Krimis des englischen Autors Francis Durbridge galten in den Sechziger und Anfang der Siebziger Jahre mit Einschaltquoten von fast 90% als „Straßenfeger". Auch in Fulda, wie hier im November 1971 bei der Ausstrahlung des Dreiteilers „Das Messer", waren die Straßen menschenleer.

Im März 1972 erhielt der Millionste Parker in der Karstadt-Tiefgarage einen Präsentkorb. Die Tiefgarage bot 74 Fahrzeugen Platz und verzeichnete pro Tag ca. 450 Einfahrten. Fast die Hälfte der Autos stammte aus der Stadt, ein Viertel aus dem Altlandkreis Fulda und der Rest aus den Nachbarlandkreisen. Nur zwei Prozent der Kunden kamen aus einem Umkreis von mehr als 60 Kilometern.

Eine besondere Freude bereitete 1972 der von Ria Warmuth geleitete Arbeitskreis „Schularbeitenhilfe für Gastarbeiterkinder" zahlreichen italienischen, spanischen und türkischen Kindern mit einer Fahrt in den Frankfurter Zoo.

Auf der Osthessenschau 1972 wurde „die erste Fernseh-Telefonsprechanlage der Welt“ vorgestellt.

Auf Einladung des Bundes Deutscher Steuerbeamten informierten sich 1973 in der Taylorix-Geschäftsstelle Mitarbeiterinnen und Mitarbeiter des Fuldaer Finanzamtes über die „Vorteile der modernen Datenverarbeitung“.

Verabschiedung von Dr. Alfred Dregger (2. von rechts) als Oberbürgermeister der Stadt Fulda im Dezember 1970. Rechts neben ihm seine Gattin Dagmar.

Die „Fuldaer Zeitung“ berichtete 1974 ausführlich über die Situation ausländischer Arbeitskräfte in Fulda, die häufig nur als „Mitbürger auf Zeit“ angesehen würden. In diesem Zusammenhang entstand diese Aufnahme, welche die spanischen Arbeitnehmerinnen und Arbeitnehmer der Firma Stabernack zeigt.

Ausflug von Gastarbeiterkindern in die Rhön, 1974.

Im Juni 1974 wurde die Fernsprechvermittlungsstelle für den Aschenberg in der Einhardstraße in Betrieb genommen.

Geburtstagempfang für den „Vater des Computers" Professor Konrad Zuse (links) 1974 im Kolpinghaus.

Verleihung von Ehrenbriefen des Landes Hessen im Dalbergsaal durch OB Dr. Hamberger, 1977. Der Gewerkschafter Josef Odenwald (2. von links) erhielt bei diesem Anlass das Bundesverdienstkreuz am Bande.

1977 erhielt Oberbürgermeister Dr. Hamberger aus der Hand von René Radius, dem Präsidenten des Ausschusses für Raumordnung beim Europäischen Rat, die Ehrenfahne des Europarats verliehen.

Beim Festakt zur Überreichung der Ehrenfahne des Europarats im Fürstensaal des Stadtschlosses sangen auch der Knabenchor des Marianums und der Cäcilienchor Neuhof.

Eröffnung des Fernsehgeschäfts Raabe in der Petersberger Straße, 1977.

Polizeidirektor Gerd Rupperti, der in Fulda als erster Stadt nach amerikanischem Vorbild die Schülerlotsen eingeführt hatte, wurde im Dezember 1977 in den Ruhestand verabschiedet.

Dreharbeiten zu dem Science-Fiction-Film „Die Hamburger Krankheit“ am Luckenberg, 1978.

Die US-Fernsehserie „Holocaust“, die im Januar 1979 ausgestrahlt wurde und das fiktive Schicksal der jüdischen Berliner Familie Weiß erzählte, führte auch in Fulda zu einer intensiven Diskussion über die NS-Zeit.

Im März 1979 erprobte die ÜWAG ein Elektrofahrzeug.

170 Bundeswehrrekruten des Standorts Wildflecken wurden Anfang Mai 1979 auf dem Domplatz vereidigt.

Ein „chinesisches Horoskop aus dem Computer", das 1979 im Kaufhaus Karstadt angeboten wurde, erfreute sich damals eines großen Interesses.

Im September 1979 nahm die Stadt Fulda 64 vietnamesische Flüchtlinge aus humanitären Gründen auf. Es bedürfe außergewöhnlicher Anstrengungen, um die Menschen hier in Fulda zu integrieren, betonte OB Dr. Hamberger. Die Städtische Volkshochschule übernahm sofort die Organisation von Sprachkursen. Ende der Siebziger Jahre flohen viele Vietnamesen vor der Verfolgung aus ihrer Heimat. Die „Boatpeople", von denen viele durch das Schiff „Cap Anamur" gerettet wurden, trafen in Deutschland überwiegend auf eine große Hilfsbereitschaft, vereinzelt aber auch auf Ablehnung.

In der ehemaligen Isolierstation des Krankenhauses wurden die Flüchtlinge untergebracht.

Ausländerfeindliche Schmierereien, wie hier 1975, waren leider auch in Fulda immer wieder zu beklagen.

Nachweihnachtlicher Nachmittag der Arbeiterwohlfahrt für türkische Kinder, 1975.

Altennachmittag im Kolpinghaus, 1975.

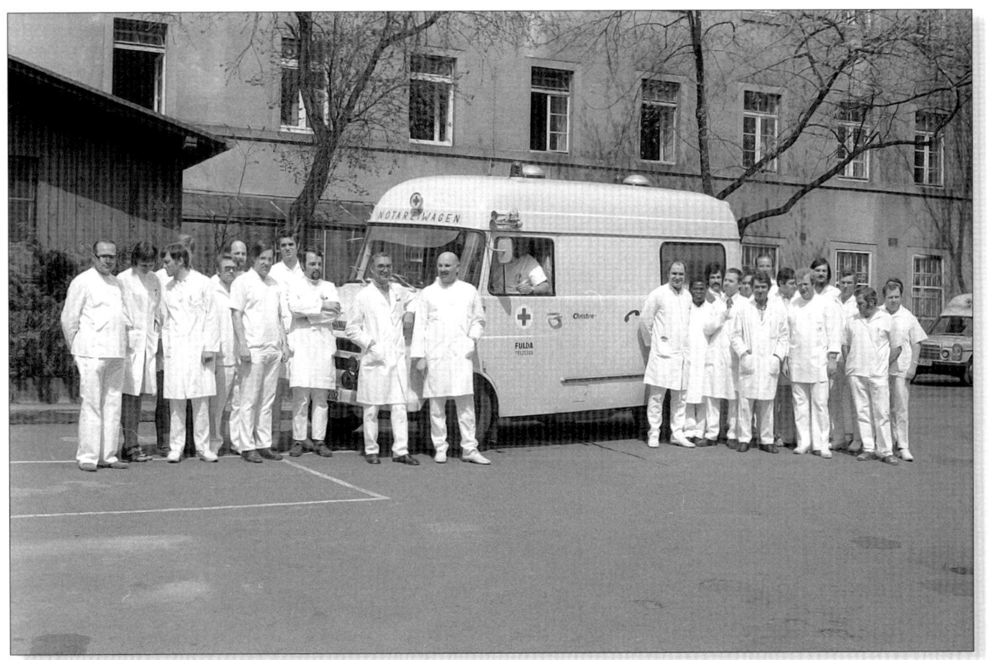

Der Fuldaer Notarztwagen „Christine“ fuhr im April 1975 seinen 1.000. Einsatz.

Ende Februar 1976 begann in Fulda das Zeitalter des Altglascontainers. Einer der ersten wurde am Borgiasplatz aufgestellt.

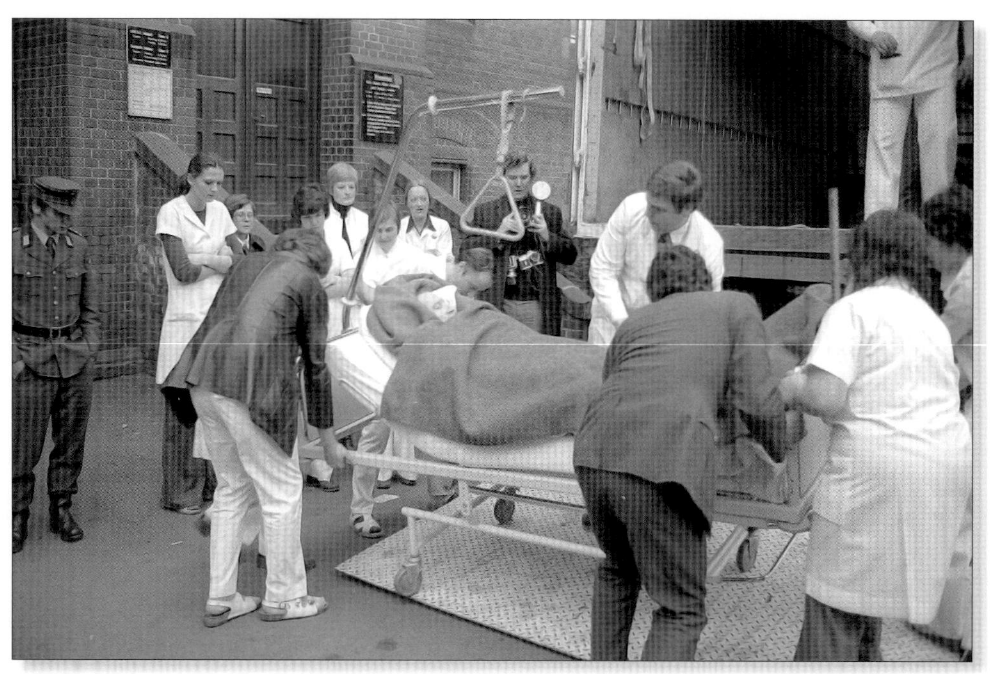

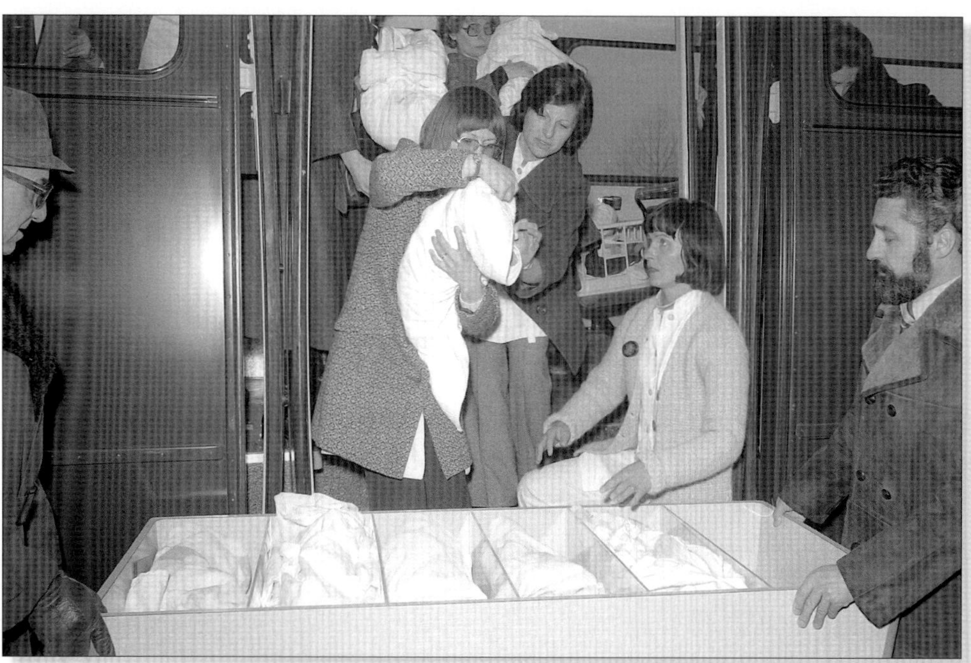

Umzug der Patienten aus dem Alten Krankenhaus in das Klinikum im Februar 1976.

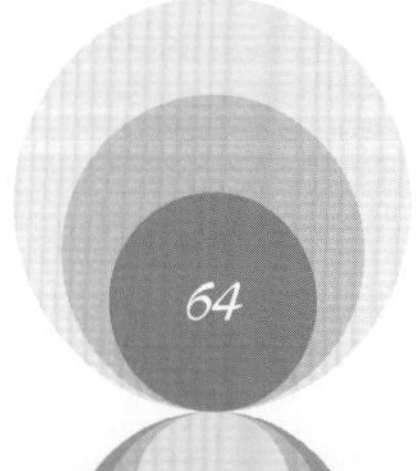

Strahlende Gesichter im Rahmen einer Gedenkfeier der Sudetendeutschen Landsmannschaft im März 1976.

Im Juni 1976 ehrte OB Dr. Hamberger Ria Warmuth und Andreas John für ihr außergewöhnliches soziales Engagement mit dem Bundesverdienstkreuz. Ria Warmuth, welche die Fuldaer CDU-Frauenvereinigung begründete, kümmerte sich insbesondere um die Förderung und Integration der Gastarbeiter, während der frühere Leiter des städtischen Wohnungsamtes John lange Zeit ehrenamtlich dem Mieterverein vorstand. Links neben Dr. Hamberger seine Ehefrau Liselotte.

„Kesse Köpfe in unkompliziertem Look", so titelte die „Fuldaer Zeitung" Ende März 1976 über die Vorstellung der Frisurenmode des kommenden Sommers im Petersberger Propsteihaus. Veranstalter waren die Friseur-Innung Fulda und die Firma Wella.

Anlässlich des 25jährigen Bestehens des Kreisverbandes des Jugendrotkreuzes gab es am Universitätsplatz eine Übung zur Bergung von schwerverletzten Unfallopfern.

Der hessische CDU-Landesvorsitzende Dr. Alfred Dregger, der Leiter der CDU-Landtagsfraktion Gottfried Milde und Landrat Fritz Kramer (dritter bis erster von rechts) besuchten im Herbst 1976 die Osthessenschau, hier u.a. den Stand der Partnerstadt Como. Links neben Dr. Dregger der Ausstellungsleiter Dieter Udolph.

Fest der Ausländischen Mitbürger am Gemüsemarkt, 1976.

Tag der offenen Tür in den „Downs Barracks" an der Haimbacher Straße im Mai 1978. Eine der Attraktionen war die hier zu sehende Boden-Luft-Rakete Hawk.

Ehrung für Agnes Huenni(n)ger (1896–1984) im Jahre 1978. Verheiratet mit einem 1912 in die USA ausgewanderten Fuldaer, kam sie nach dem Tod ihres Mannes 1952 zunächst nur zu Besuch in dessen Heimat. Schon bald wurde die Betreuung der Amerikaner in Fulda zu ihrer Lebensaufgabe. Hier gründete sie 1953 den „Deutsch-Amerikanischen Klub". Vielen stationierten Amerikanern blieb sie als „Mutter der Soldaten" in Erinnerung.

„200 Jahre Amerika" war der Titel einer Ausstellung im Modehaus Büttner, die von OB Dr. Hamberger und Oberst Ballantyne (zweiter und dritter von rechts) im Februar 1976 eröffnet wurde.

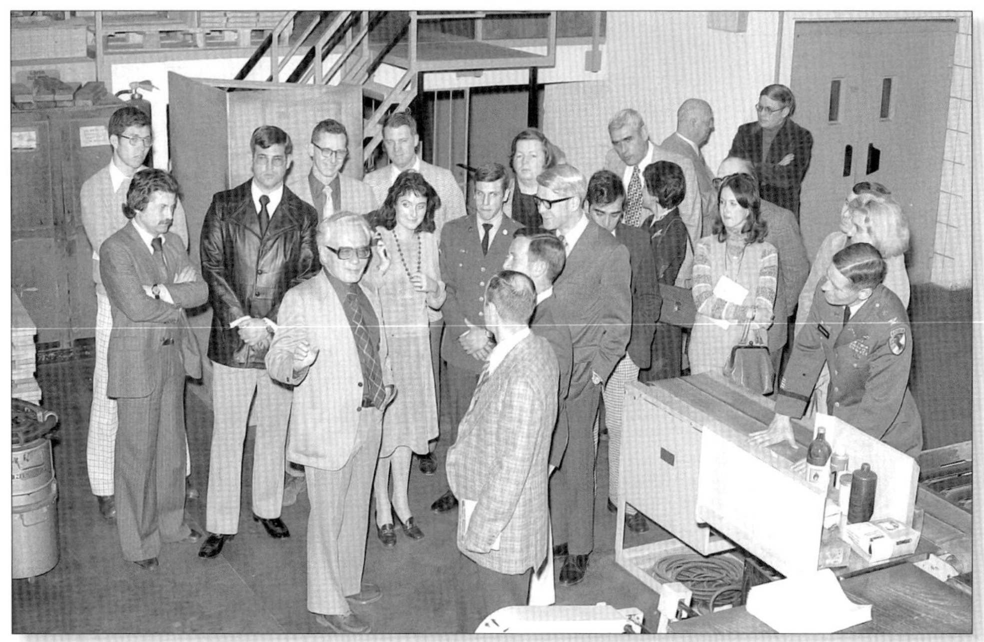

Im deutsch-amerikanischen Beratungsausschuss wurden die in Fulda vor Ort anstehenden Probleme besprochen. Im März 1976 führte Chefredakteur Dr. Stefan Schnell den Ausschuss durch den Betrieb der „Fuldaer Zeitung“.

Werbung für die „Aktion Shalom“, einer Unterstützung für die in Israel lebenden ehemaligen Mitglieder der jüdischen Gemeinde Fuldas.

Protest

In keinem Jahrzehnt wurde in Fulda mehr gestreikt, protestiert und in Schweigemärschen gedacht als in den Siebzigern. „Mehr Demokratie wagen" bedeutete auch, dass man öffentlich seine Meinung kundtat, ob als Schüler, Student, Arbeiter oder Politiker. Seit dem Beginn der Inflation und der Massenarbeitslosigkeit Mitte des Jahrzehnts traten insbesondere die Lohnkämpfe in den Vordergrund. Die Rückkreisung Fuldas zum Jahr 1974 war ein Ereignis, das die Fuldaer Kommunalpolitiker selbst auf die Straße trieb.

Für ein unabhängiges Jugendzentrum in Selbstverwaltung protestierten ca. 200 Jugendliche mit einem Zug durch die Innenstadt Anfang Februar 1975. Dem Magistrat warfen sie vor, zu wenig für die Jugendlichen zu tun.

Die Gaststätten „Schänke“ und „Treff am Rex“ hatten 1971 Einlassverbote für Jugoslawen verhängt. Dagegen setzten sich Studenten des Pädagogischen Fachinstituts mit Transparenten zur Wehr und beklagten dabei auch die grundsätzliche Diskriminierung von Gastarbeitern in der Stadt.

Schüler der Fuldaer Gymnasien demonstrierten Anfang Februar 1970 gegen die Zugangsbeschränkung zu den Universitäten („Numerus clausus“).

Noch heute aktuell: Der Protest der Bauern 1972 auf der Ochsenwiese gegen die Agrarpolitik der Europäischen Gemeinschaft, die damals noch EWG (Europäische Wirtschaftsgemeinschaft) hieß.

Der Streit um den Paragraphen 218 gehörte zu den intensivsten innenpolitischen Diskussionen der Siebziger Jahre. Das Foto zeigt einen Schweigemarsch der Abtreibungsgegner im Mai 1973.

Gegen die Fahrpreiserhöhungen für Busse wandten sich die Proteste der Jungsozialisten im Dezember 1973. Der Allgemeine Studentenausschuss (AStA) hatte sich der Demonstration angeschlossen.

Das Jahr 1974 ist als heißes Streikjahr in die Geschichte der Bundesrepublik eingegangen. Der Öffentliche Dienst forderte zweistellige Lohnzuwächse. In den Betrieben wurden im Februar 1974 Urabstimmungen durchgeführt, hier unter der Leitung des Geschäftsführers der Eisenbahngewerkschaft Günther Kern (links) im Ausbesserungswerk. Eine der Streikfolgen waren nicht geleerte Mülleimer am Straßenrand.

Auch die Beschäftigten bei der Post gingen im Februar 1974 wegen ihrer Lohnforderungen auf die Straße.

Der Deutsche Gewerkschaftsbund (DGB) und die Deutsche Postgewerkschaft (DPG) informierten im April 1975 mit einem Stand auf dem Universitätsplatz über den Lehrstellenmangel

Maikundgebung der DGB-Jugend 1975.

Das Thema Vollbeschäftigung in Zeiten der zunehmenden Rationalisierung war ein wirtschaftspolitischer Dauerbrenner der Siebziger Jahre, hier bei einer Demonstration des DGB auf dem Universitätsplatz 1976.

Gegen eine direkt an Bronnzell vorbeiführende Schnellbahntrasse der geplanten Strecke Hannover-Würzburg wandte sich eine Bürgerinitiative, die wie hier 1976 vor den Folgen für die Bronnzeller Bevölkerung warnte.

Bafög, seit dem Erlass des Bundesausbildungsförderungsgesetzes (BAföG) im Jahre 1971 ein Zauberwort für die finanzielle Unterstützung der Schüler- wie der Studentenschaft. Höchst umstritten und immer wieder Anlass für Proteste waren die Höhe der Förderbeträge sowie die Kosten der Mensa und des Studentenwerksbeitrags. Hier eine Demonstration an der Fuldaer Fachhochschule 1976.

Die wohl größte Fuldaer Schülerdemonstration der Siebziger Jahre fand im Dezember 1976 auf dem Universitätsplatz statt. 3.000 Schülerinnen und Schüler äußerten ihren Unmut über die „Bildungsmisere in Hessen“. Das Spruchband im Vordergrund bezieht sich auf die Hessische Landesbank (Helaba), deren riskante Immobiliengeschäfte zu einer finanziellen Schieflage des Instituts führten, das im Herbst 1976 nur durch Gelder des Landes Hessen vor dem Konkurs gerettet werden konnte.

Mitglieder der SPD Fulda-West stellten im April 1979 an den Zufahrtswegen zum Naherholungsgebiet Schulzenberg Schilder auf. Darauf wurden die Fahrer amerikanischer Militärfahrzeuge gebeten, das Gebiet nicht zu befahren.

Nach der Entführung des Arbeitgeberpräsidenten Hanns Martin Schleyer und der Ermordung seines Fahrers sowie von drei Polizisten am 5. September 1977 bekundete ein von der CDU am 15. September organisierter Schweigemarsch die Solidarität mit den Opfern des Terrorismus. Schleyer wurde am 18. Oktober durch die „Rote Armee Fraktion“ ermordet.

Kultur

Die Siebziger Jahre standen in Fulda im Zeichen des Kulturausbaus. Davon profitierten insbesondere die heute noch bestehenden Einrichtungen der Stadt wie das Vonderau Museum, die Volks- und die Musikschule sowie das Stadtarchiv. Von herausragender Bedeutung war die Umgestaltung des Schlosstheaters. Nach und nach begann sich auch eine freie Kulturszene zu entwickeln, die neben den traditionellen Angeboten der Vereine Pop, Jazz, Rock und Kabarett in die Barockstadt brachten.

Der Umbau des Schlosstheaters, das am 6. Juli 1978 nach zweijähriger Bauzeit der Öffentlichkeit übergeben werden konnte, bescherte Fulda eine bis heute attraktive Spielstätte. Das 690 Plätze umfassende Theater wurde mit einem Aufwand von 13,3 Millionen DM umgestaltet.

Im Oktober 1971 wurde das Denkmal für den Nobelpreisträger Ferdinand Braun vor der Landesbibliothek aufgestellt. Die 4,85 Meter hohe und eine Tonne schwere Bronzeplastik stammt vom Künstler Ottomar Gassenmeyer.

Günter Grass war im November 1972 zu Gast im Petersberger Propsteihaus. Er kam allerdings nicht als Literat, sondern als Wahlkämpfer für Willy Brandt bei der Bundestagswahl. Im Herbst 1977 stellte er auf Einladung der Städtischen Volkshochschule seinen Roman „Der Butt" in der Alten Universität vor.

Franz „Schnuckenack" Reinhardt gastierte mit seinem Quintett im November 1973 im Kolpinghaus.

Der israelische Botschafter Yohanan Meroz enthüllte im Juni 1976 eine Gedenktafel neben der ehemaligen Synagoge an der heutigen Straße „Am Stockhaus".

Abschlussveranstaltung der „Aktion Shalom" 1977. Dr. Naftali Herbert Sonn, dessen Vater Abraham als Lehrer an der jüdischen Schule in Fulda wirkte, trägt sich ins Ehrenbuch der Stadt Fulda ein. Sonn erhielt 1986 zusammen mit Lioba Munz den Kulturpreis der Stadt. Neben Sonn Liselotte und Dr. Wolfgang Hamberger.

Verleihung des Kulturpreises der Stadt Fulda im Jahre 1972 an Leonhard Fessel (rechts), der die Auszeichnung für seine Dokumentation der Bildstöcke im Fuldaer Land erhielt. Es gratulieren OB Dr. Hamberger und Kulturamtsleiter Dr. Heinrich Hahn

Im September 1977 bezog die Medienstelle des Landkreises (Kreisbildstelle) unter ihrem Leiter Wilhelm Pösel neue Räume am Gallasiniring.

Festlich wurde die Eröffnung des Schlosstheaters im Juli 1978 begangen. Mitarbeiterinnen der Stadtverwaltung schlüpften beim „Tag der reinen Freude“ und dem „Beginn einer neuen Theater-Ära“ in festliche Kostüme. Als erstes Stück wurde Carl Zuckmayers „Hauptmann von Köpenick“ gegeben.

Der städtische Konzertchor „Winfridia“ sang im Oktober 1978 im vollbesetzten Schlosstheater Christoph Willibalds Glucks „Orpheus“.

Die Fuldaer Stiftervereinigung übergab im März 1979 das Bild von Felix Muche „Der Viehmarkt" an das Vonderau Museum. Bei einem kleinen Festakt im Dalbergsaal schilderte Stadtbaurat a.D. Hans Nüchter seine Erinnerungen aus dem Fulda der Vorkriegszeit.

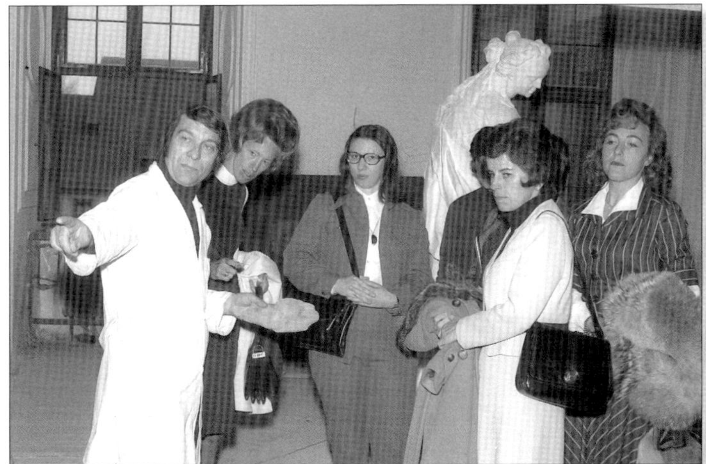

Restaurator Gisbert Seng erläuterte dem Deutsch-Amerikanischen Damenclub die Restaurierungsarbeiten im Stadtschloss, 1975.

Eine Ausstellung mit Werken Franz Erhard Walthers von 1954 bis 1963 aus der Sammlung Seng wurde im April 1978 eröffnet. Professor Carl Vogel, Präsident der Hochschule für Bildende Künste in Hamburg, erläuterte den Besuchern im überfüllten Kaisersaal des Stadtschlosses das Schaffen Walthers.

Einweihung des von Lioba Munz OSB geschaffenen Kreuzes auf dem Zentralfriedhof im August 1975.

Dipl. Ing. Ernst Kramer, der die barocke Umgestaltung des Fuldaer Stadtschlosses in den Sechziger und Siebziger Jahren maßgeblich prägte und mit seinen Forschungen zum Fuldaer Barock und zu den Fayencen überregional bekannt war, erhielt 1976 den Kulturpreis der Stadt Fulda.

Die Galerie in der Meistergasse eröffnete im August 1976 eine Ausstellung über den spanischen Maler Joan Mirò.

Auf 200 Jahre ihres Bestehens blickte die Fuldaer Landesbibliothek 1976 zurück. Sie war ursprünglich als öffentliche Bibliothek von Fürstbischof Heinrich von Bibra gegründet worden. Am Rande des Festakts ein Gespräch zwischen OB Dr. Hamberger (rechts) und Bibliotheksdirektor Dr. Artur Brall. Im Hintergrund Kulturamtsleiter Dr. Werner Kirchhoff.

Der 5. Hessische Jugendmusikschultag fand 1979 in Fulda statt. Schuldezernent Dr. Pünder beteiligte sich eifrig beim „freien Singen".

Der Rhönklub konnte 1976 sein 100jähriges Bestehen feiern. Mit zahlreichen Reden und viel Musik wurde das Jubiläum gebührend begangen. Im Hof des Kolpinghauses versammelte sich der Vorstand zu einem Gruppenbild. In der Mitte (vierter von rechts) sitzt der Ehrenpräsident Dr. Josef-Hans Sauer, rechts neben ihm der neue Präsident Alfons Lühn.

Kirche

Der gesellschaftliche Wandel ging auch an der katholischen und der evangelischen Kirche nicht spurlos vorbei. Die Bindung vieler Christen an die Kirche wurde schwächer, die Säkularisierung schritt auch in Fulda immer weiter voran. Bei wichtigen kirchlichen Festen waren allerdings noch viele Gläubige zu aktivieren. Ein wichtiges Ereignis war der Besuch des polnischen Episkopats bei der Vollversammlung der Deutschen Bischofskonferenz im Jahre 1978. Daran nahm unter anderem auch Kardinal Karol Wojtyła teil, der nur wenige Wochen später als Johannes Paul II. den Stuhl Petri bestieg.

Am Karfreitagmorgen 1970 versammelten sich diese Kinder am Frauenberg zur Kreuzwegandacht.

Hunderte von Gläubigen nahmen 1971 an der Karfreitagsprozession vom Dom zur Stadtpfarrkirche teil.

Klapperjungen riefen die Gläubigen in Neuenberg am Karfreitag und Ostersamstag zum Gottesdienst bevor die Glocken in der Osternacht wieder läuteten.

Erstkommunion und Firmung italienischer Kinder in der Kirche des Lioba-Heimes, 1971. Zelebrant war Don Cinello.

Die Katholische Jugend verkaufte im Oktober 1971 „Mini-Brote“ zugunsten der „Dritten Welt“.

Bei den Grabungsarbeiten für eine Fußbodenheizung in der Johannesberger Propsteikirche fand man Ende 1976 die Reste einer alten Kirche sowie Gräber.

Die Arbeitsgemeinschaft der Marianischen Verbände in Fulda hatte im Mai 1978 zu einer Lichterprozession von der Heilig-Geist-Kirche zum Dom eingeladen. Mehr als 1.000 Gläubige nahmen an der Veranstaltung teil.

Anlässlich der Vollversammlung der Deutsche Bischofskonferenz im September 1978 traf der Primas von Polen Stefan Wyszyński in Fulda ein. An seiner Seite war auch der Kardinal von Krakau Karol Wojtyła, der nur wenige Wochen später zum Papst gewählt wurde und sich den Namen Johannes Paul II. gab.

Beim Gebet in der Bonifatiuskrypta: Karol Wojtyła, Stefan Wyszyński und Kardinal Josef Höffner, von 1976 bis 1987 Vorsitzender der Deutschen Bischofskonferenz.

Der Fuldaer Dom war schon im Mai 1975 für viele Touristen die Hauptattraktion. An manchen Tagen war der Parkplatz am Seiteneingang mit Bussen überfüllt.

Empfang im Auditorium Maximum der Theologischen Fakultät zum Amtsantritt von Professor Eduard Schick, der nach dem Tod von Adolf Bolte im Dezember 1974 von Papst Paul VI. zum Bischof von Fulda ernannt worden war.

Fronleichnamsprozession mit der Station am blumengeschmückten Altar am Gemüsemarkt.

Verabschiedung des Dekans im Evangelischen Kirchenkreis Otto Geffert im Haus Oranien, Dezember 1975. Einer der Gäste ist Domkapitular Professor Heribert Abel (rechts), der Geffert einen Fulda-Bildband überreicht und an das vergleichbare persönliche Schicksal der beiden Geistlichen durch die Verfolgung in der NS-Zeit erinnert.

Die Evangelische Jugend Fulda sammelte 1975 am Borgiasplatz im Rahmen der Aktion „Brot für die Welt".

Etwa 15.000 Menschen nahmen im Mai 1976 während des Diözesan-Katholikentags an der Maiandacht auf dem Domplatz teil.

Szene vor dem Dom beim Diözesan-Katholikentag 1976.

Aufbruch zur Fußwallfahrt nach Walldürn im Juni 1976. Nach einer Andacht in der Heilig-Geist-Kirche zogen die Wallfahrer über die Löherstraße zum ersten Etappenziel, dem Volkersberg.

Einzug der Pfarrer des Evangelischen Kirchenkreises zum Festgottesdienst in die Christuskirche anlässlich der Amtseinführung des neuen Dekans Gerhard Schnath (letzte Reihe links) im Mai 1976. Ganz rechts ist der Propst des Sprengels Hanau Julius Martiny zu sehen.

An der Fronleichnamsprozession 1976 nahmen auch Mitglieder der Spanischen Gemeinde teil.

Empfang im Auditorium Maximum der Theologischen Fakultät anlässlich der Bischofsweihe von Josef Kapp (links), den Regens des Bischöflichen Priesterseminars. Die Weihe war durch den Diözesanbischof Professor Eduard Schick (rechts) erteilt worden.

Martinszug der Stadtpfarrei 1971.

Schule

Nachdem in den Fünfziger und Sechziger Jahren der Schulbau von der Grundschule bis hin zum Gymnasium Vorrang hatte, standen die Siebziger Jahre im Zeichen der Neugründung von Hochschulen. Auch in Fulda tat sich hier einiges.
Im Jahr 1974 wurde die aus dem Pädagogischen Fachinstitut hervorgegangene Fachhochschule Fulda gegründet.
Die Philosophisch-Theologische Hochschule Fulda wurde 1978 zur Theologischen Fakultät erhoben. Der seit 1970 verfolgte Plan zur Errichtung einer neuen Universität in Fulda zerschlug sich allerdings. Mit dem Zuzug von Gastarbeitern kamen für die Fuldaer Volksschulen in dieser Zeit neue Aufgaben hinzu.
Das Thema der sprachlichen Integration und der gezielten Förderung der Gastarbeiterkinder stand spätestens seit den Siebziger Jahren im Mittelpunkt.

Schülerinnen und Schüler der Cuno-Raabe-Schule, 1975.

Blick in den Physiksaal der Marienschule, 1971.

Im November 1973 wurde der Erweiterungsbau der Kaufmännischen Berufsschule eingeweiht. Die Begeisterung der Schülerschaft für die neuen Klassenräume hielt sich offenbar in Grenzen.

Einweihungsfeier für den Erweiterungsbau der Marienschule in der Schulturnhalle, November 1977.

Feuerwehrübung in der Alten Stadtschule im Oktober 1977: Innerhalb von nur zwei Minuten hatten alle 484 Schülerinnen und Schüler der Heinrich-von-Bibra-Schule, die mit 14 Klassen dort untergebracht war, das Gebäude verlassen.

Blick auf die Alte Stadtschule im Jahre 1979 vor dem Umbau zum heutigen Vonderau Museum.

Die Lehrerschaft des Freiherr-von-Stein-Gymnasiums im Jahre 1979 mit dem Direktor Dr. Otto Berge (erste Reihe, dritter von rechts).

Einweihung der neuen High-School in den Downs Barracks im Juli 1975 durch Richard H. Coss, stellvertretenden Leiter der amerikanischen Schulen in Europa. Am rechten Bildrand Oberst Ballantyne mit dem symbolischen Schlüssel.

Eine Abiturklasse der Winfriedschule machte 1975 Oberstudienrat Witzel ein ungewöhnliches Abschiedsgeschenk, ein Ferkel namens „Wutz".

Der Zauberer Hardy begeisterte im Januar 1976 seine kleinen Zuschauer im Kindergarten Edelzell.

Schülerinnen und Schüler der Kaufmännischen Berufsschule Fulda auf dem Weg zur Hannover-Messe 1976.

Im Oktober 1976 konnte die neue Mensa an der Fachhochschule Fulda eröffnet werden. Der hessische Kultusminister Hans Krollmann stieß bei seiner Rede auf gereizte Studenten, die gegen die Regelstudienzeit und die Erhöhung der Studentenwerksbeiträge protestierten.

Der Schulchor der Heinrich-von-Bibra-Schule beim vorweihnachtlichen Singen am HaWeGe-Center im Dezember 1976.

Sport

Die Olympischen Spiele in München 1972 sowie die Fußballweltmeisterschaft 1974 in Deutschland waren Meilensteine in der deutschen Sportgeschichte, welche in der kollektiven Erinnerung bis heute nachwirken. Die Siebziger Jahre waren daneben aber auch ein Jahrzehnt, in dem man die Bedeutung des Breitensports entdeckte und ihn gezielt förderte. Die 1970 gestartete „Trimm-Dich"-Bewegung brach über das Land herein und nahezu jeder fühlte sich verpflichtet, den im Wirtschaftswunder erworbenen Wohlstandsspeck wieder abzutrainieren. Unter einem sportbegeisterten Oberbürgermeister waren in Fulda der Sportstättenbau und die Sportvereinsförderung Chefsache. Den Glanz der großen Sportwelt, der mit dem beginnenden Starrummel einherging, brachten die Gastauftritte von Spitzensportlern bei Autogrammstunden.

Die Sieger der Bezirkshallenmeisterschaften der D- und E-Jugend im März 1975: Germania Fulda (kniend) und die TSG Schlitz.

Eröffnung der Rollschuhbahn im Irrgarten des Fuldaer Schlossgartens im Mai 1973.

Auch Fulda feierte am 26. August 1972, dem Tag der Eröffnung der Olympischen Spiele in München, seine Olympiade mit zahlreichen sportlichen Darbietungen der Fuldaer Turnerschaft im Schlossgarten. Vor der Floravase stellten sich die Fackelläufer Manfred Weinkath, Resi Schäfer, Reinhard Schwab und Ernst Heumüller dem Fotografen für ein Gruppenbild.

Beim Sommerfest der Evangelisch-Katholischen Gemeinschaft in Ziehers-Nord gab es im Sommer 1975 auch ein Pushballspiel.

Rückkehrer vom Deutschen Turnfest 1973 in Stuttgart am Fuldaer Bahnhof.

Zum Freundschaftsspiel gegen Borussia Fulda kam die Frankfurter Eintracht am 1. August 1974 mit den beiden Weltmeistern Jürgen Grabowski und Bernd Hölzenbein. Das Spiel endete standesgemäß mit einem 9:0 für den Bundesligisten.

Jürgen Grabowski war der Stargast bei Ford Sorg im März 1979.

Mit einer Autogrammstunde von Uli Hoeneß und Karl-Heinz Rummenigge beging die Leonberger Bausparkasse im Mai 1979 die Neueröffnung ihrer Beratungsräume in der Heinrichstraße.

Der jugoslawische Torwart von 1860 München Petar Radenkovic („Bestes Torwart von Welt") war 1970 Stargast im HaWeGe Markt.

Ausnahmezustand herrschte im Juli 1971 im Kaufhaus Kerber. Die Fußballweltmeister von 1974 Fritz Walter, Toni Turek, Horst Eckel und Helmut Rahn gaben Autogramme.

Fußballbundestrainer Helmut Schön kam 1972 nach Fulda, um im Kolpinghaus über das Thema „Der deutsche Fußball zwischen zwei Weltmeisterschaften“ zu sprechen. Interviewt wurde er vom Sportchef der Fuldaer Zeitung Uwe-Bernd Herchen.

Gegen Schalke 04 trat Borussia Fulda in einem Freundschaftsspiel im Juli 1976 an. Trotz eines 6:0 des Bundesligisten mit drei Toren von Klaus Fischer (rechts, direkt neben dem Linienrichter) gab es am Schluss der Partei gellende Pfiffe der 6.000 Zuschauer für die Schalker, von denen man mehr erwartet hatte.

Zu einem Tennisturnier der ungewöhnlichen Art lud Fastnachtsprinz Willi von der Schaumburg im Januar 1976 die Mannschaften der Stadtverwaltung, der Fuldaer Zeitung und der Karnevalisten ein. Das Ergebnis war zweitrangig, der Spaß zählte. Von links: Peter Marquard, Christoph Brandner, Volker Feuerstein, Uwe-Bernd Herchen, OB Dr. Wolfgang Hamberger, Klaus Jürgen Feldmann, Prinz Willi von der Schaumburg, Manfred Klimek, Lothar Weber und Walter Sandner.

Die Damen-Tennismannschaften von Rot-Weiß und Grün-Weiß Fulda, 1975.

Die Wasserballer der Wasserfreunde Fulda nach einem Hessenligaspiel im Juni 1975.

Spiel im Handballpokal zwischen FT Fulda im dunklen Trikot und Eiterfeld, Mai 1975.

Ein Schauturnen der Fuldaer Turnerschaft gab es im Oktober 1975 in der Gellingshalle.

Max Schmeling signierte im Oktober 1977 im Kaufhaus Kerber seine Autobiographie. Besonders viele Jugendliche waren gekommen, um den ehemaligen Boxweltmeister im Schwergewicht zu sehen.

Unterhaltung

Die Siebziger Jahre markieren den Übergang von der Arbeits- zur Freizeitgesellschaft. Neben den seit Jahrzehnten festgesetzten Vergnügungen im Umfeld der Fastnacht und des Schützenfestes, gab es in Fulda nun verstärkt Unterhaltungsangebote, die den neuen Trends Rechnung trugen.
Die Disco-Welle schwappte seit Beginn des Jahrzehnts über das Land und bald hatte schon jede Kleinstadt ihren Tanzschuppen. Künstler aus den Bereichen Schlager, Pop und Kleinkunst waren gern gesehene Gäste im Stadtsaal oder Kolpinghaus. Die alternative Szene außerhalb des Mainstreams hatte es um diese Zeit noch schwer. Erst im Laufe der Zeit entstanden Angebote für das studentische Umfeld.

Dichtes Gedränge und hysterisches Kreischen jugendlicher Fans gab es 1970 beim Auftritt des Schlagerstars Rex Gildo im Kaufhaus Kerber. Nur mit Seilen und der Kraft von einigen starken Männern konnten die Besucher von dem Sänger ferngehalten werden.

Sechs Jahre später gab es eine erneute Autogrammstunde Rex Gildos in Fulda, diesmal ganz im Zeichen von „Fiesta Mexicana“.

Max Greger, einer der großen Bandleader der Siebziger Jahre, trat 1976 mit seinem Orchester beim Ball der IHK auf.

„Miss Nadelprinzess", ein vom Modehaus Erna Schneider veranstalteter Nähwettbewerb für Hobbyschneiderinnen, war ein fester Bestandteil der Fuldaer Modenschauen in den frühen Siebziger Jahren. 1971 konstatierte die Presse, dass alles noch im Zeichen des Minirocks stehe.

Der englische Popmusiker Barry Ryan (zweiter von rechts), der 1968 mit „Eloise" einen Hit landete, kam 1970 zu einer Signierstunde in die Räume der Fuldaer Zeitung. Trotz des Gedränges der jugendlichen Fans habe sich, so der Berichterstatter, der Schaden in der Redaktion in Grenzen gehalten. Hier der Popstar mit seinem Zwillingsbruder Paul und zwei Fuldaerinnen vor dem Café Hauptwache.

Im überfüllten Kolpinghaus gaben 1971 die „Blödelbarden" von Insterburg & Co. ein Konzert. In der Besetzung Peter Ehlebracht, Jürgen Barz, Karl Dall und Ingo Insterburg (von links) waren die vier zusammen mit Otto Waalkes die erfolgreichsten Comedians der Siebziger Jahre, ohne dass es damals diesen Begriff schon gab.

Die Bajuwarisierung Fuldas in Form von jährlich abgehaltenen Oktoberfesten gab es bereits in den Siebzigern. Veranstalter war damals das Kaufhaus Karstadt. Hier zwei Aufnahmen von 1971 und 1977.

Im November 1971 gastierte der Chansonier Reinhard Mey in der Orangerie. Die 1.000 Zuhörer zog er mit Liedern, die abseits der damaligen Mode der Protestsongs das Private in den Mittelpunkt stellten, in seinen Bann.

Das Disco-Fieber hatte Mitte der Siebziger Jahre auch Fulda erfasst. Die „Pony-Disco Bar" in der Hauptwache und das „Chalet" in der Petersberger Straße waren angesagte Adressen. Hier ein Auftritt der Gruppe „Le Blanc" im „Chalet", 1975.

Der Schlagersänger Bernhard Brink begrüßte die Fuldaer Jugendlichen 1975 zur „Bravo-Disko" im Kolpinghaus.

Steven Spielbergs Film „Der weiße Hai" war Mitte der Siebziger Jahre ein Kassenschlager. Kein Wunder, dass eine „Hai-Show" an der Ochsenwiese 1979 viele Zuschauer anlockte.

Die Fuldaer Karneval-Gesellschaft hatte 1975 zu einem „Balkan-Abend" in die Orangerie eingeladen und hierfür auch den Schlagerstar Costa Cordalis verpflichtet.

Ein Meister der journalistischen Belehrung und Unterhaltung war mit Peter Scholl Latour 1979 in Fulda. Auf Einladung der IHK Junioren referierte er über Ostasien, Iran und Saudi-Arabien.

Der Südtiroler Reinhold Messner faszinierte mit seinen Berichten über extreme Bergbesteigungen schon in den Siebziger Jahren ein Millionenpublikum. 1978 berichtete er vor 1.000 Zuhörern in der Aula der Rabanus Maurus Schule über seine Erfahrungen am Mount Everest.

Ein Klassiker der politischen Fernsehunterhaltung war Werner Höfers Diskussionsrunde mit Journalisten unter dem Namen „Der internationale Frühschoppen", der unter seiner Moderation von 1953 bis 1987 jeden Sonntag im Fernsehen lief. Auf Einladung der örtlichen Raiffeisenverbände gab es in Fulda 1979 einen Abendschoppen mit dem Diskussionsthema „Wir sind wieder wer! Wer sind wir denn schon? 30 Jahre Bundesrepublik Deutschland".

Ein Highlight in der Geschichte des Fuldaer Landes war der Besuch von Neil Armstrong im August 1970 auf der Wasserkuppe. Ein Festakt in der Gersfelder Turnhalle würdigte die Verdienste des ersten Menschen auf dem Mond. Von links: Fuldas Oberbürgermeister Dr. Alfred Dregger, Neil Armstrong, Altbundeskanzler Dr. Kurt Georg Kiesinger und Landrat Dr. Eduard Stieler.

Ein Fackelzug anlässlich des Fuldaer Schützenfestes im Juli 1973.

Artisten der Truppe „Milano-Show" präsentierten 1975 waghalsige Kunststücke mit und ohne Motorrad auf einem Drahtseil, das über den Universitätsplatz gespannt war.

Mitte der Siebziger Jahre erfreute sich die Wahrsagerei auf den Volksfesten, wie hier beim Fuldaer Schützenfest 1975, großer Beliebtheit.

Halloween ist in Fulda keine Neuerung, sondern war durch die hier stationierten amerikanischen Truppen auch schon in den Siebzigern bekannt. In den Downs Barracks feierten 1973 Kinder der amerikanischen Soldaten zusammen mit Schülerinnen und Schülern des Freiherr-vom-Stein-Gymnasiums.

Zu einem großen Kinderfest und Indianercamp am Guckaisee hatte der Landkreis Fulda 1976 eingeladen. Landrat Fritz Kramer verteilte als „Oberhäuptling" persönlich an die Kinder Schokoküsse, die damals noch „Negerküsse" hießen.

Kinderfastnacht der Fuldaer Karneval Gesellschaft in der Orangerie, 1976.

Auch im Petersberger Propsteihaus wurde regelmäßig Kinderfastnacht gefeiert, wie hier 1975.

Die Haimbacher Tanzgarde bei der Zweiten Fremdensitzung der FKG im Januar 1975.

Ein Kinderfastnachtszug bewegte sich 1974 vom Universitätsplatz zum Gemüsemarkt.

Zur Eröffnung der Fastnachtskampagne hatte die Florengäßner Brunnenzeche am 11.11.1978 auch die Randstaaten, wie hier den Türkenbund, eingeladen.

Vier Institutionen der Fuldaer Fastnacht in der Bütt im Jahre 1976: „der Protokoller“ Heinz Gellings, „unser Ami“ Milton Gilbert, Günter Elm und Mechthild Remmert.

Unter dem Motto „Leinen los – die Sylter Welle rollt“ lud die FKG zu einer Zeltpremiere im Herbst 1976 auf die Ochsenwiese. Stargäste waren die Jacob Sisters.

Der Chor der evangelischen und katholischen Gemeinden in Ziehers-Nord bei einer Fastnachtsfeier 1975 in St. Paulus

Wim Thoelke, durch das „Aktuelle Sportstudio" und „Der große Preis" einer der bekanntesten Fernsehmoderatoren dieser Jahre, war 1978 bei einem Altennachmittag bei C & A zu Gast. OB Dr. Hamberger überreichte ihm bei dieser Gelegenheit einen Bildband von Fulda.

Kinderfest der Fuldaer Turnerschaft im Stadtsaal, 1975.

Kehraus nach dem Schützenfest, 1975.

Stadtbild

Wer sich heute Ansichten von Fulda außerhalb des Barockviertels auf alten Fotos der Siebziger Jahre betrachtet, sieht in vielen Fällen eine andere Stadt. Die Bausubstanz war häufig in die Jahre gekommen, manches war baufällig und entsprach genau dem, was man im Fuldaer Land als „Gehöck“ bezeichnet. Die Sechziger Jahre hatten in der Innenstadt schon einige Neuerungen, allen voran den Universitätsplatz, gebracht. Doch als sich die Moderne gerade daran machte, eine autogerechte Stadt zu formen, trat zu Beginn des Jahrzehnts der Gedanke des Denkmalschutzes in den Vordergrund. Er verhinderte die Anlage eines Altstadtrings und gab der Sanierung und Restaurierung häufig den Vorrang gegenüber dem Neubau. Dennoch veränderte sich durch zahlreiche Abrisse von Einzelanlagen das Gesicht der Stadt nachhaltig. Ob alles Neue so gelungen ist, darüber kann man trefflich streiten.

Blick über die Horaser Kirche auf das Neubaugebiet am Aschenberg, 1972.

Das Telekom-Gebäude am Platz Unterm Heilig Kreuz im Rohbau, 1971. Erstellt nach den Plänen des Stararchitekten Sep Ruf löste es immer wieder heftige Diskussionen wegen seiner modernen Architektur inmitten der überwiegend barocken Umgebung aus. Mit der Nutzung als Hotel nach einer gründlichen Sanierung haben sich seit Herbst 2015 die Gemüter beruhigt.

Die neue Hauptstützpunktfeuerwache in Neuenberg wurde im Jahre 1972 ihrer Bestimmung übergeben.

Blick auf die Kreuzung Dalbergstraße / Goethestraße mit den Gebäuden der Maschinenfabrik Keil, wo sich heute das Holiday Inn befindet.

Für die klassizistische Anlage an der Wilhelmstraße und der Domdechanei, einem architektonischen Kleinod in der Barockstadt, zeigte man in den Siebziger Jahren zunächst nur wenig Verständnis. Anfang Januar 1974 wurde das Haus Wilhelmstraße 5 sogar abgerissen, 1989/90 aber in rekonstruierter Form wieder aufgebaut.

Die 1920 errichteten Häuser am Kleegarten 2-24 mussten im September 1974 einer moderneren Wohnanlage weichen.

In der Bahnhofstraße waren im späten 19. Jahrhundert auch Villenbauten entstanden, die sich bis in die Siebziger Jahre hielten. Die 1901/02 erbaute Villa des Fabrikanten Franz Carl Bellinger an der Ecke zur Lindenstraße wurde im Januar 1977 zugunsten einer Kaufhauserweiterung aus dem Stadtbild gelöscht.

Das bischöfliche Konvikt, ein stadtbildprägender Bau im Bereich des heutigen Kaufhauses C & A, wurde Mitte der Siebziger Jahre abgerissen. Das neue Konvikt entstand am Domänenweg.

Die Marktstraße wurde 1975 zur Fußgängerzone.

Blick auf eine Wohnanlage an der Browerstraße, 1975.

Im Oktober 1975 wurde die neue Kirche der Pfarrei St. Lukas auf dem Aschenberg eingeweiht.

Ein technisches Meisterstück der besonderen Art konnten die Fuldaer 1976 bewundern. Mit einem Spezialkran wurde ein freischwebendes Gerüst über der Vierungskuppel des Domes aufgestellt, um dort Sanierungsarbeiten vornehmen zu können.

Die eingerüstete Domkuppel, 1976.

Das Osthessen-Center, hier hinter einer romantischen Winterkulisse des Winters 1976 aufgenommen, prägt seit 1973 die Silhouette der Innenstadt mit.

Abriss von Häusern an der Löherstraße im Bereich der heutigen Gambettagasse im Frühjahr 1976. Der ursprüngliche Plan, mit diesem Durchbruch eine Straßenverbindung zwischen der Rang- und der Löherstraße herzustellen, wurde bald schon aufgegeben. Die von der Rangstraße aus sichtbare Brache wurde später mit dem Altenheim bebaut.

Einweihung des von der Bildhauerin Ute Steffens geschaffenen Brunnens der Frankfurter Allianz AG vor dem IHK-Hochhaus in der Heinrichstraße, 1976.

Das Einkaufszentrum am Aschenburg wurde im Juni 1976 seiner Bestimmung übergeben.

Eine Großbaustelle gab es von 1976–1978 an der Schlossstraße bei den Bauarbeiten für das neue Schlosstheater.

Das Hauptgebäude der Hutstoffwerke Muth am alten Fuldakanal im Bereich des heutigen Löhertor-Centers wurde im Januar 1977 zum Abbruch freigegeben.

Im Zuge der Sanierung der „Westlichen Innenstadt" wurden im Juli 1977 leer stehende Häuser am Horaser Weg abgerissen.

Die nicht mehr genutzte katholische Kirche in Lehnerz musste im November 1977 weichen.

Sprengung eines Schornsteins der Emaillierwerke Bellinger, aufgenommen im Jahre 1977 vom Osthessen-Center.

Das nach der Errichtung des neuen Klinikums nicht mehr benötigte Alte Krankenhaus an der Edelzeller Straße wurde bis auf das klassizistische Hauptgebäude (im Hintergrund), in dem sich heute die Musikschule befindet, 1977 abgerissen.

Auch die ehemalige Gaststätte „Zum goldenen Storch“ an der Ecke Mittelstraße / Karlstraße musste Ende der Siebziger Jahre einem Neubau weichen.

Das Haus Luckenberg 10 mit seiner barocken Fassade wurde wegen seiner maroden Bausubstanz 1979 abgebrochen, durfte aber nach Abstimmung mit dem Landeskonservator nur in Anlehnung an das bisherige Gebäude wieder aufgebaut werden.

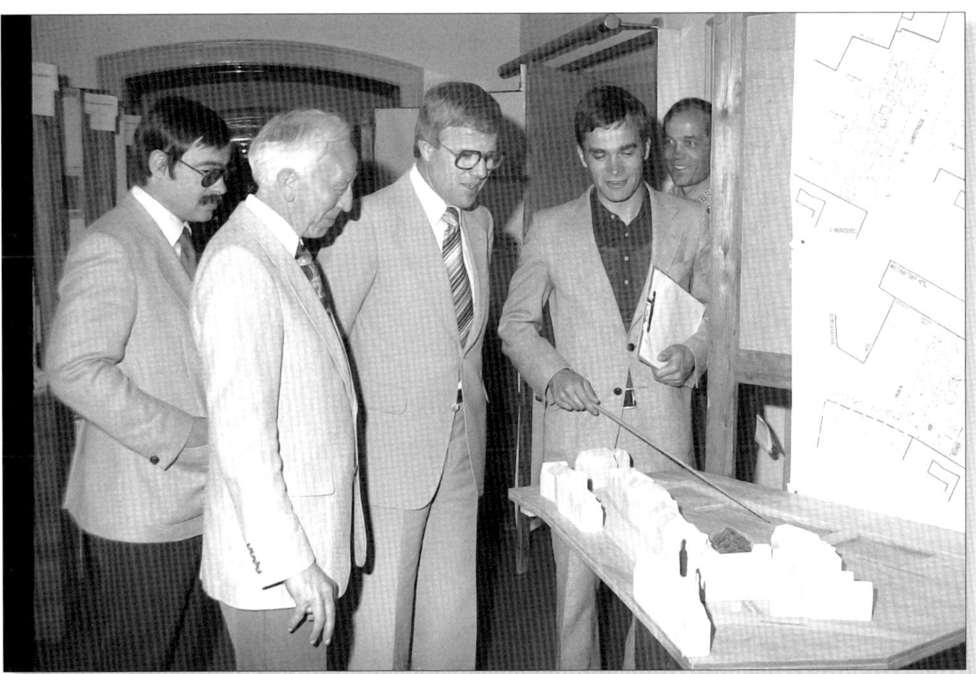

Stadtbaurat Peter Niehaus erläuterte im Mai 1979 die Modelle, die anlässlich des Wettbewerbs „Stadthäuser an der Löherstraße“ eingereicht worden waren.

Der Magistrat besichtigte im Juni 1979 die Baufortschritte im Industriegebiet-West.

An der Ecke Hinterburg / Langebrückenstraße, 1974.

Blick auf das Neubaugebiet am Aschenberg im August 1975.

Die Fuldaer Innenstadt, fotografiert vom Osthessen-Center im August 1973.

Die Tränke, 1973.

Die 2014 abgebrochene „Grüne Au“ mit Blick auf die Domschule und die 1925–1927 errichtete Kleinwohnungsanlage an der Wiesenmühlenstraße.

Der Wiesenmühle, hier eine Aufnahme von1974, drohte der Verfall bevor sie Ende der Achtziger Jahre zu einem Gasthof und Hotel umgebaut wurde.

In den Siebzigern gab es an der Dalbergstraße direkt vor dem Bierturm noch eine Tankstelle.

Das Osthessen-Center unmittelbar nach seiner Fertigstellung 1973.

Blick in die Vordere Schleifersgasse, 1974.

Die Doll, 1974.

Zeittafel

1970

Grundsteinlegung für die Großsporthalle in der Magdeburger Straße (Heinrich-Gellings-Halle), die 1971 eingeweiht wird
Richtfest für die Papierfabrik Adolf Jass
Fertigstellung der Mackenrodtbrücke
Wahl Dr. Wolfgang Hambergers zum Oberbürgermeister von Fulda
Protest der Fuldaer Schüler gegen den „Numerus clausus" an den Universitäten
Fulda soll nach den Wünschen des Magistrats eine Universität mit einer geisteswissenschaftlichen Fakultät erhalten
Grundsteinlegung für die neue Hauptstützpunktfeuerwache in Neuenberg, die 1972 eingeweiht wird

1971

Einweihung des Helene-Weber-Hauses
Präsidiumssitzung des Deutschen Städtetags in Fulda unter Leitung von Münchens Oberbürgermeister Dr. Hans-Jochen Vogel
Übergabe der Leitfunkstelle Hessen-Ost
Wahl von Dr. Tilman Pünder zum Bürgermeister von Fulda (bis 1980)
Besuch des amerikanischen Botschafters Kenneth Rush
Baubeginn des neuen Klinikums
Fertigstellung des Zentralen Omnibusbahnhofs für die Überlandlinien
150jähriges Bestehen des Landkreises Fulda
104 Todesopfer sind bei Verkehrsunfällen im Raum Fulda zu beklagen

1972

Verstaatlichung der städtischen Polizei
Verleihung des Kulturpreises an Leonhard Fessel
Gründung der Aktion „Fulda kreisfreie Stadt e.V."
Einweihung der Brüder-Grimm-Schule
Eingliederung von 24 Gemeinden in die Stadt Fulda, die damit 60.000 Einwohner zählt
Das olympische Feuer kommt auf dem Weg nach München durch Fulda
Erster „Tag der offenen Tür" bei der Stadtverwaltung
Bei den Kommunalwahlen erreichen die CDU 60,5 %, die SPD 35,4 % und die FDP 4,1 %.

Feierliche Übergabe des Behördenhochhauses an der Schillerstraße
Protestmarsch von Schülern der gewerblichen Berufsschule gegen die Raumsituation in der Stadtschule
Die Sanierung der westlichen Innenstadt wird eingeleitet
Bundesinnenminister Genscher kommt nach Fulda zu einem Pressegespräch der FZ
Die Straßen der Innenstadt werden in der Vorweihnachtszeit zur Fußgängerzone
Erste Osthessenschau, die 87.000 Besucher anzieht

1973
Einweihung der Rollschuh- und Wintereisbahn im Schlossgarten
Übergabe des Ferdinand-Braun-Kabinetts im Schlossturm
125jähriges Jubiläum der Fuldaer Turnerschaft.
Einweihung des Erweiterungsbaus der Kaufmännischen Berufsschule
Fritz Kramer wird in der Nachfolge Dr. Eduard Stielers zum Landrat des Kreises Fulda gewählt
Einweihung des Osthessen-Centers

1974
100jähriges Bestehen der „Fuldaer Zeitung"
Einweihung des Kindergartens in Maberzell
Grundsteinlegung für den Erweiterungsbau der Bonifatiusschule
Vorzeitig Rückkreisung der Stadt Fulda zum 1. Juli. Die Stadt verliert damit ihre seit 1927 bestehende Kreisfreiheit
Renovierung der Klosterkirche auf dem Frauenberg
Eröffnung eines neuen Speditionszentrums im Industriegebiet „Am Eisweiher" durch die Firma Zufall
25jähriges Jubiläum des Deutschen Evangelischen Kirchentags in Fulda
Verselbständigung der Fachhochschule Fulda, die bisher zu Gießen gehörte. Eröffnung der FH durch Kultusminister Prof. von Friedeburg
Der Präsident der EWG-Kommission Sico Mansholt spricht auf einer Kundgebung der Europa-Union
Einweihung der Gewerblich-Technischen Berufsschule, die nach Ferdinand Braun benannt wird
150jähriges Jubiläum der Städtischen Sparkasse und Landesleihbank
Nach dem Tode von Bischof Adolf Bolte wird Professor Eduard Schick zum neuen Diözesanbischof ernannt

1975
Eröffnung der Hauptverwaltung von Tegut
Bau einer Fußgängerzone in der Marktstraße
Besuch des Apostolischen Nuntius in Deutschland Erzbischof Corrado Bafile sowie

des Botschafters der Volksrepublik China Wang Shu
Einweihung des Mally-Kühn-Hauses
Übergabe des Neubaus der Städtischen Kliniken

1976

100jähriges Jubiläum des Städtischen Konzertchores „Winfridia"
Gerhard Schnath wird neuer Dekan des Evangelischen Kirchenkreises Fulda
Die Vinzentinerinnen beenden ihren Dienst am Klinikum Fulda
Die „Aktion Shalom" wird ins Leben gerufen. Sie will die Mitglieder der ehemaligen jüdischen Kultusgemeinde Fulda beim Bau eines Gemeinschafshauses in Jerusalem unterstützen. Bis 1977 kommen rund 90.000 DM zusammen
Einweihung des Feuerwehrgerätehauses in Bronnzell
Verleihung des städtischen Kulturpreises an Dipl. Ing. Ernst Kramer
Enthüllung einer Gedenktafel bei der ehemaligen Synagoge durch den Botschafter Israels in der Bundesrepublik Yohanan Meroz
Übergabe des Aschenbergplatzes
Johannes Kapp wird Weihbischof in der Diözese Fulda
Der Kanzlerkandidat der Union Dr. Helmut Kohl kommt nach Fulda zu einer Wahlkampfkundgebung
Dr. Wolfgang Hamberger wird durch die Stadtverordnetenversammlung für weitere zwölf Jahre in das Amt des Oberbürgermeisters gewählt
25jähriges Jubiläum des BGS Standortes Fulda
100jähriges Bestehen des Rhönklubs
Verlegung des Fulda-Flussbetts im Bereich der Johannisau
Beginn des ersten Bauabschnitts des Deutschen Feuerwehrmuseums in der Fulda-Aue
Einweihung des von Agnes Mann geschaffenen Franziskus-Denkmals am Frauenberg

1977

Die GWV bezieht ihr neues Gebäude in der Rangstraße
Wiederbegründung der Städtischen Volkshochschule
Übergabe der Fußgängerbrücke über die Berliner Straße
Einweihung neuer Bürgerhäuser in Bernhards und Edelzell. Grundsteinlegung der Bürgerhäuser in Lehnerz und Haimbach
Dipl. Ing. Peter Niehaus wird als neuer Stadtbaurat vereidigt. Er folgt Dipl. Ing. Hans Nüchter nach
Bei den Kommunalwahlen erhalten die CDU 65,4%, die SPD 25,5%, die FDP 3,5 % und die CWE 5,6%
Werner Schmid wird in der Nachfolge von Max Will Stadtverordnetenvorsteher. Will erhält das Ehrenbürgerrecht der Stadt Fulda
Einweihung der Hans-Nüchter-Sternwarte in der Freiherr-vom-Stein-Schule

Die Stadt Fulda bekommt vom Europarat die Europa-Fahne verliehen
Die Stadtverordnetenversammlung entscheidet sich für einen Trassenverlauf der ICE-Neubaustrecke Hannover Würzburg durch die Stadtmitte

1978

Einrichtung des Büros für Bürgerhilfe im Stadtschloss
Sanierung des Palais Buttlar
Übergabe des „Grünen Zimmers“ im Stadtschloss an die Öffentlichkeit
Das Schlosstheater wird nach einer zweijährigen Umbauzeit eröffnet
1200jähriges Jubiläum des Stadtteils Bronnzell
Beseitigung eines knapp ein Kilometer langen Stücks des Fulda-Kanals
An der Herbstvollversammlung der deutschen Bischöfe nimmt u.a. auch der spätere Papst Johannes Paul II. Karol Woytila teil
Die Sparkasse bezieht ein neues Gebäude in der Rabanusstraße
Freigebe des Verkehrs auf der B 27 im Bereich des Bronnzeller Kreisels

1979

Neuer Schulentwicklungsplan führt zur Auflösung von Grundschulen
Bischof Prof. Dr. Eduard Schick erhält die Ehrenbürgerwürde
Der sowjetische Botschafter Wladimir Semjonow besucht Fulda
Fulda nimmt 64 vietnamesische Flüchtlinge auf
Einweihung des Behindertenzentrums des Caritasverbandes
25jähriges Bestehen des Sozialdienstes Katholischer Frauen
Das Antoniusheim feiert 75jähriges Jubiläum
1200. Todestag des Klostergründers Sturmius
Die Fassade des Stadtschlosses wird restauriert
Die Wasserballer des SC „“Wasserfreunde Fulda“ steigen in die Bundesliga auf

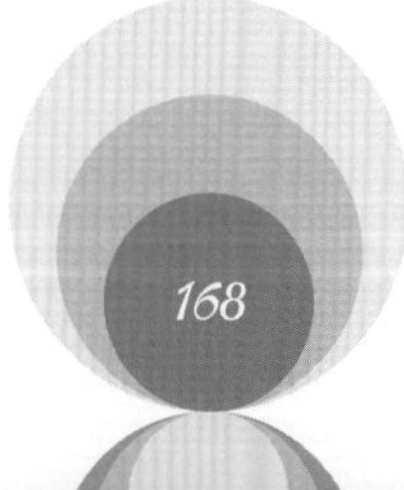